Tiere falten

Papierfalten ist für kleine und große Bastler ein riesiger Spaß. Kaum zu glauben, was aus einem einfachen Stück Papier entstehen kann. Mit ein paar Faltungen erwachen Katzen, Hunde, Mäuse, Kühe, Füchse, Bären und noch viele andere Tiere zum Leben. Werden die Papiere bemalt, Wackelaugen oder Schnurrhaare aufgeklebt, bekommen die Tiere einen ganz eigenen Charakter.

Ich wünsche allen
viel Spaß beim Falten

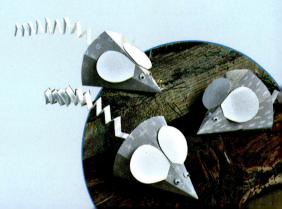

Die Motive lassen sich in folgende Schwierigkeitsgrade unterteilen:
● ○ ○ einfach   ● ● ○ etwas schwieriger   ● ● ● anspruchsvoll

GRUNDAUSSTATTUNG

Folgende Materialien werden für die meisten der gezeigten Tiere benötigt, in den einzelnen Materiallisten werden sie nicht nochmals aufgeführt:

- Transparentpapier und Tonkartonreste für Schablonen
- Alleskleber, z. B. von UHU®
- Schere
- Bleistift
- Geo-Dreieck®
- Seitenschneider
- Rundzange
- Vorstechnadel
- Lochzange
- Pinzette

Geeignete Papiere

Zum Falten eignen sich ganz besonders Faltpapier, Origamipapier und Tonpapier. Schon bei Tonpapier ist es ratsam, die Faltlinien vorher leicht mit Cutter oder Schere und Geo-Dreieck® oder Lineal anzuritzen, damit die Faltungen exakt sind. Stärkere Papiere als Tonpapier sind für diesen Zweck nicht geeignet.

Hinweis: Mit „Rest" wird ein Stück bezeichnet, das kleiner als A5 ist.

So geht's

1 Das Papier zum Falten zuschneiden und gegebenenfalls mit Deco-Stiften oder Buntstiften bemalen. Dann das Papier gemäß der jeweiligen Anleitung und der Skizzen falten.

2 Werden für Einzelteile Schablonen benötigt, diese vom Vorlagenbogen mit Bleistift auf Transparentpapier abpausen. Das Transparentpapier auf einen Kartonrest kleben, dann die Teile ausschneiden.

3 Die Schablonen auf das gewünschte Papier legen, die Umrisse mit Bleistift nachziehen, dann ausschneiden.

4 Wackelaugen am besten mithilfe einer Pinzette fassen, Klebstoff auftragen und aufkleben. Falls nötig die Tiere zusammenfügen.

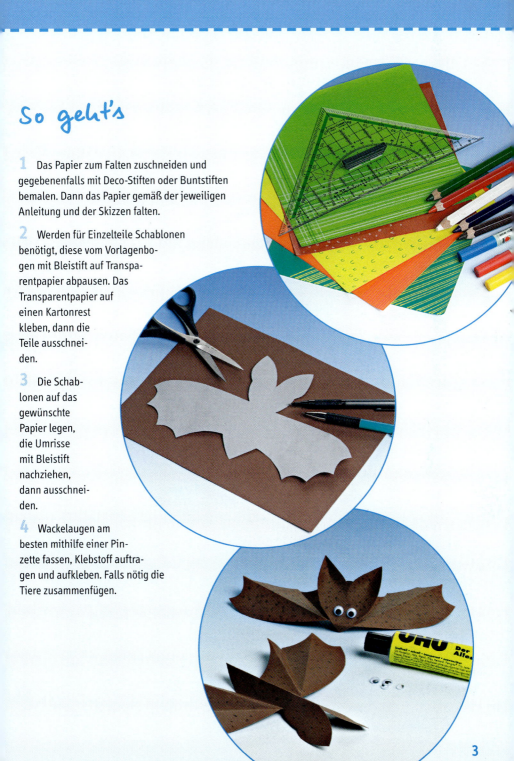

Bunte Zugvögel

→ im Gleitflug unterwegs

MATERIAL PRO VOGEL
- Origamipapier in Rot oder Grün, 15 cm x 15 cm (Rumpf)
- Origamipapier in Rot oder Grün, 5 cm x 5 cm (Kopf)
- 2 Wackelaugen, ø 5 mm
- Deco-Stift in Gelb

VORLAGENBOGEN 1A

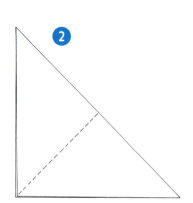

1 Die gelben Linien mit dem Geo-Dreieck® in unregelmäßigen Abständen diagonal und parallel auf das große Origamipapier für den Rumpf malen.

2 Das Rumpfpapier diagonal und dann an der gestrichelten Linie falten.

3 Die Schablone für den Rumpf gemäß der Skizze auflegen und den Umriss mit Bleistift nachziehen (gestrichelte Linie). Den Rumpf ausschneiden.

4 Die Flügel an den gepunkteten Linien nach außen und an den Strichpunkt-Linien nach innen falten.

5 Für den Kopf das kleine Papier in der Mitte falten und die Kopfschablone auflegen. Den Umriss nachzeichnen und den Kopf ausschneiden.

6 Den Schnabel gelb anmalen und die Wackelaugen aufkleben. Dann den Kopf an den Rumpf kleben.

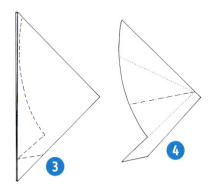

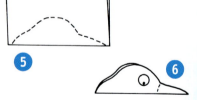

Freunde der Nacht

→ lautlose Flieger

MATERIAL PRO FLEDERMAUS
- Tonpapier in Braun, 22 cm x 15 cm
- 2 Wackelaugen, ø 7 mm
- Buntstift in Dunkelbraun

VORLAGENBOGEN 1B

1 Die Grundform gemäß Vorlage ausschneiden, am Kopf zwischen den Ohren 3 cm tief einschneiden (durchgezogene Linie). Mit Buntstift bemalen.

2 Die Fledermaus genau in der Mitte falten (gestrichelte Linie). An der Strichpunkt-Linie nach außen, an der nächsten gestrichelten Linie nach innen, an der Strichpunkt-Linie nach außen und an der gestrichelten Linie wieder nach innen falten.

3 Die beiden Kopfhälften übereinander schieben, an der gepunkteten Fläche aufeinander kleben. Dann die Wackelaugen aufkleben und die Ohren an den Spitzen zusammendrücken.

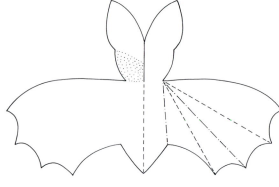

MATERIAL PRO MAUS

- Faltpapier in Grau oder Orange, 12 cm x 12 cm (Rumpf)
- Tonpapier in Schwarz oder Weiß, 20 cm x 0,5 cm (Schwanz), 6 cm x 3 cm (Ohren)
- 2 Wackelaugen, ø 3 mm
- geglühter Blumendraht, ø 0,35 mm, 3 x 6 cm lang
- dicker Buntstift in Weiß
- Deco-Stift in Schwarz
- Zirkel

VORLAGENBOGEN 1A

Freche Mäuse
→ zusammen sind wir stark

1 Das Faltpapier genau in der Mitte falten und wieder öffnen. Mit dem Zirkel auf der Faltlinie einstechen und einen Kreis mit Radius 5,5 cm zeichnen. Den Kreis ausschneiden, an der Faltlinie halbieren und gemäß der Abbildung mit Bunt- oder Filzstift bemalen.

2 Den Halbkreis in der Mitte falten (gestrichelte Linie) und wieder öffnen. Die beiden Seiten an den Strichpunkt-Linien zur Mittellinie (gestrichelte Linie) falten und wieder öffnen. Wenn nun die Strichpunkt-Linie auf die gestrichelte Linie gelegt wird, ergibt sich die gepunktete Linie. Die gepunktete Fläche (Klebefläche) auf die mit einem Kreuz markierte Fläche kleben.

3 Ohren und Wackelaugen ankleben, Barthaare an der Unterseite der Schnauze ankleben.

4 Den Schwanz jeweils nach 1 cm im Zickzack falten und von unten am Rumpf ankleben.

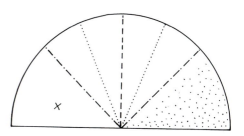

Schmetterlinge – flott gepunktet

→ flattern im Wind

MATERIAL PRO SCHMETTERLING
- gepunktetes Faltpapier in Blau, Weiß oder Rot, 15 cm x 15 cm
- Tonpapierrest in Schwarz
- 2 Wackelaugen, ø 5 mm

VORLAGENBOGEN 1A

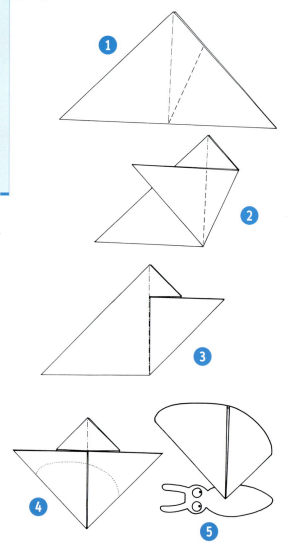

1 Für einen Flügel das Faltpapier diagonal (Ecke auf Ecke) falten. Das Dreieck an der Strichpunkt-Linie falten und wieder öffnen. Die rechte Ecke an der gestrichelten Linie nach links falten.

2 Die Ecke an der senkrechten gestrichelten Linie wieder nach rechts falten.

3 Die linke Flügelhälfte ebenso falten.

4 Die Flügelschablone auflegen, den Umriss mit Bleistift nachfahren (gepunktete Linie) und den Flügel ausschneiden. Den zweiten Flügel ebenso arbeiten. Die Flügelschablone diesmal spiegelverkehrt auflegen.

5 Wackelaugen und Flügel auf den Rumpf kleben.

Kunterbunte Schlangen

→ vollkommen harmlos

MATERIAL PRO SCHLANGE
- Tonpapier in Hellgrün, Gelb oder Orange, 40 cm x 1,5 cm (Rumpf) und 7 cm x 3 cm (Kopf)
- Tonpapierrest in Rot
- 2 Wackelaugen, ø 5 mm
- Deco-Stift in Weiß, Orange, Rot und Dunkelgrün

VORLAGENBOGEN 1A

1 Auf den Tonpapierstreifen gemäß der Abbildung Punkte tupfen. Den Papierstreifen jeweils nach 1,5 cm mit dem Cutter oder mit der Schere anritzen und nach oben falten (gestrichelte Linie). Die diagonalen Strichpunkt-Linien ebenfalls anritzen, aber stets nach unten falten.

2 Den Umriss der Kopfschablone und der Zungenschablone ebenfalls auf Tonpapier übertragen und ausschneiden. Den Kopf an der gestrichelten Linie falten, die Zunge einkleben, Wackelaugen ankleben und die Nasenlöcher aufmalen. Den Kopf auf den Rumpf kleben.

MATERIAL PRO FALTER

- Faltpapier in Grün, Rot oder Gelb, 12 cm x 10 cm (Flügel)
- Tonpapier in Grün, Rot oder Gelb, 12 cm x 3,5 cm (Rumpf)
- 2 Wackelaugen, ø 3 mm
- Je 4 Holzperlen in Grün, Rot oder Gelb, ø 6 mm
- Baumwollfaden in Grün, Rot oder Gelb, ø 1 mm, 3 x 10 cm lang
- geglühter Blumendraht, ø 0,35 mm, 7 cm lang

VORLAGENBOGEN 2A

Lustige Falter
→ frech und pummelig

1 Das Papier für die Flügel im Abstand von 1 cm elfmal abwechselnd nach vorne und nach hinten falten (gestrichelte Linien). Die Flügel in der Mitte mit einem Faden zusammenfassen.

2 Das Rumpfpapier in der Mitte falten, die Rumpfschablone auflegen, den Umriss mit Bleistift nachziehen und den (Doppel-)Rumpf ausschneiden.

3 Nur an der vorderen Rumpfhälfte mit der Lochzange vier Löcher ausstanzen. Jeweils durch zwei Löcher den Arm- bzw. Beinfaden ziehen. An die Fadenenden je eine Holzperle knoten.

4 Das Gesicht aufmalen, die Wackelaugen aufkleben. Beide Rumpfteile an den Köpfen aufeinander kleben. Zwei Löcher für die Fühler einstechen. Den Fühlerdraht durchstecken und die Enden zu Ösen biegen.

5 Den Rumpf spreizen, die Flügel durchstecken und mit etwas Klebstoff fixieren.

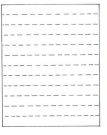
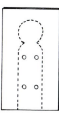

Bunte Krabbelkäfer

→ schöne Geschenkidee

MATERIAL PRO KÄFER
- Faltpapier in Grün, Gelb oder Rot, 12 cm x 12 cm
- Tonpapierrest in Schwarz
- 2 Wackelaugen, ø 7 mm
- Lackdraht in Schwarz, ø 0,5 mm, 6 cm lang

VORLAGENBOGEN 2A

1 Das Papier entlang der ersten Strichpunkt-Linie zur Hälfte falten, wieder öffnen, an der zweiten Strichpunkt-Linie falten und wieder öffnen. Das Papier umdrehen, diagonal falten (1. gestrichelte Linie) und wieder öffnen. An der zweiten gestrichelten Linie falten und wieder öffnen. Das Papier seitlich zusammenschieben (kleine Pfeile).

2 Auf das entstandene Dreieck die Schablone für den Körper legen und den Umriss mit Bleistift nachfahren (gepunktete Linie). Den Käfer ausschneiden.

3 Das schwarze Beinteil unter den Käfer kleben. Den Kopf bis zum ersten Beinpaar schwarz anmalen und die Flügelpunkte aufmalen. Die Wackelaugen aufkleben. Die Löcher für die Fühler einstechen, den Draht durchstecken und formen.

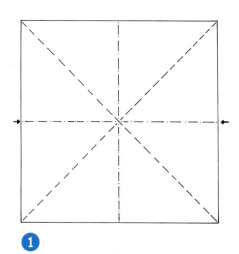
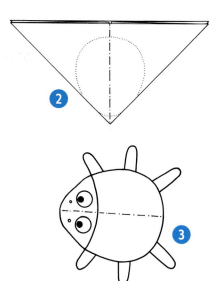

Alle meine Entchen …

→ frech und lustig

MATERIAL PRO ENTCHEN
- Faltpapier in Gelb, 15 cm x 15 cm (Rumpf)
- Faltpapier in Gelb, 5 cm x 5 cm (Kopf)
- Tonpapierrest in Rot
- 2 Wackelaugen, ø 7 mm
- Deco-Stift in Weiß

VORLAGENBOGEN 2A

1 Auf das Rumpfpapier in unregelmäßigen Abständen diagonal parallele Linien mit Deco-Stift und Geo-Dreieck® zeichnen.
Das Rumpfpapier diagonal falten (gestrichelte Linien) und wieder öffnen. Im rechten Winkel zur Faltung diagonal falten.

2 Die linke, untere Ecke an der gepunkteten Linie nach rechts falten.

3 und **4** Dieselbe Ecke an der senkrechten gepunkteten Linie nach links falten.

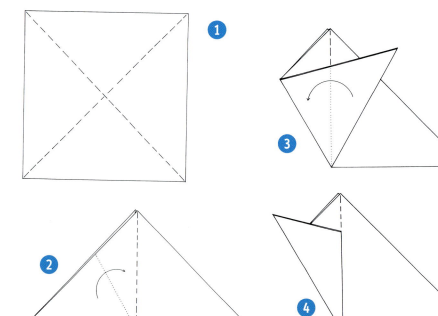

5 Die rechte Seite ebenso falten.

6 Das Papier umdrehen. Den Schwanz an der Strichpunkt-Linie nach hinten falten. Hals und Flügel an den gepunkteten Linien abschneiden.

7 Kopf, Schnabel (2x) und Füße aus Falt- bzw. Tonpapier ausschneiden. Kopf und Schnabelteile entlang der gestrichelten Linien falten. Die beiden Schnabelteile aufeinander kleben. Den Schnabel von hinten am Rumpf ankleben, den Kopf befestigen und die Wackelaugen anbringen. Zum Schluss die Füße ankleben.

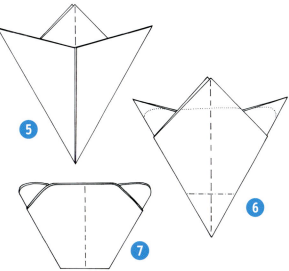

Kuschelige Schmusekatzen
→ vier Freunde

MATERIAL PRO KATZE
- Tonpapier in Schwarz, Weiß, Grau oder Orange, 18 cm x 6 cm (Rumpf), 10 cm x 5 cm (Kopf), 10 cm x 4 cm (Schwanz)
- 2 Wackelaugen, ø 6 mm
- geglühter Blumendraht, ø 0,35 mm, 3 x 8 cm lang
- dicker und sehr feiner Filzstift in Schwarz

VORLAGENBOGEN 2 B

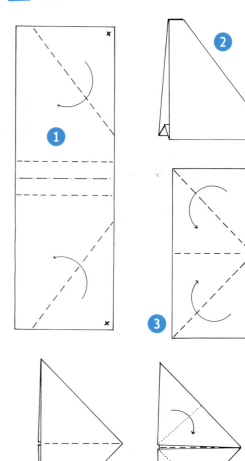

1 Das Papier für den Rumpf in der Mitte falten (Strichpunkt-Linie), beidseitig nach 1 cm in entgegensetzter Richtung falten (gestrichelte Linien). Die beiden mit einem Kreuz markierten Ecken ebenfalls an den gestrichelten Linien nach innen falten.

2 Beide Rumpfhälften am Hals zusammenkleben. Den Umriss der Schwanzschablone auf Tonpapier übertragen, den Schwanz ausschneiden und in den Rumpf kleben. Eventuell die Fellmaserung mit Filzstift aufmalen.

3 und **4** Das Kopfpapier in der Mitte falten und wieder öffnen. Die beiden unteren Ecken an den gestrichelten Linien nach hinten falten.

5 Die beiden Ecken an den gepunkteten Linien nach unten falten.

WEITERFÜHRUNG

Kuschelige Schmusekatzen

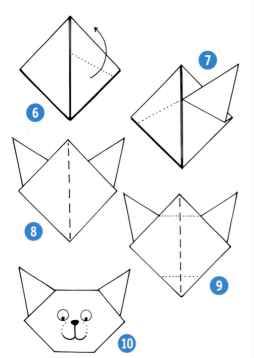

6 und **7** Dieselben Ecken an den gepunkteten Linien als Ohren wieder nach oben falten.

8 Den Kopf drehen.

9 Kopfoberseite und Kopfunterseite an den gepunkteten Linien nach hinten falten.

10 Die Wackelaugen aufkleben und das Gesicht aufmalen. Sechs Löcher für die Barthaare einstechen und die Drähte durchstecken. Den Kopf auf den Rumpf kleben.

Freche Füchse

→ unterwegs im Wald

MATERIAL PRO FUCHS
◆ Faltpapier in Orange, 15 cm x 15 cm (Rumpf), 7,5 cm x 15 cm (Kopf)
◆ 2 Wackelaugen, ø 7 mm
◆ geglühter Blumendraht, ø 0,35 mm, 3 x 10 cm lang
◆ Filzstift in Schwarz

1 Das Rumpfpapier diagonal in der Mitte sowie 1,5 cm und 4,5 cm von der Mittellinie entfernt falten (gestrichelte Linien) und wieder öffnen.

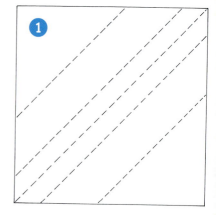

WEITERFÜHRUNG
Freche Füchse

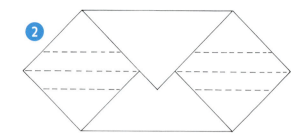

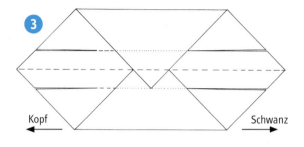

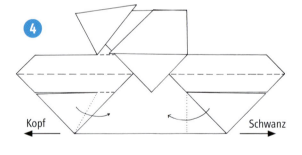

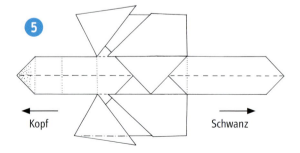

2 Die Ecken an den äußeren Faltlinien nach innen klappen.

3 Die Faltlinien neben der Mittellinie für den Hals 6,5 cm tief und für den Schwanz 5 cm tief einschneiden.

4 Für die Beine die Bereiche neben den Einschnitten an den gepunkteten Linien umklappen.

5 An den gepunkteten Linien den Schwanz einmal, den Hals dreimal falten. Das Dreieck an der Halsspitze mit Klebstoff bestreichen und auf dem Rücken ankleben. Den Überstand an den Vorderbeinen (Strichpunkt-Linie) abschneiden.

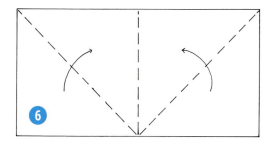

6 Das Papier für den Kopf in der Mitte falten, dann die beiden unteren Ecken an den gestrichelten Linien zur Mitte falten.

7 und **8** Die seitlichen Ecken an den gepunkteten Linien nach unten falten.

9 Die nach unten gefalteten Ecken an den gepunkteten Linien als Ohren wieder nach oben falten.

10 Die Spitze zwischen den Ohren an der gepunkteten Linie nach unten falten.

11 Den Kopf drehen, die Nase schwarz anmalen, die Wackelaugen aufkleben, die Löcher für die Barthaare einstechen und die Drähte durchziehen.

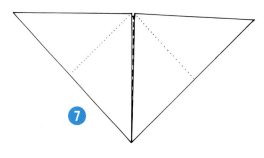

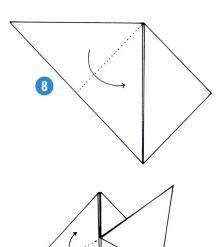

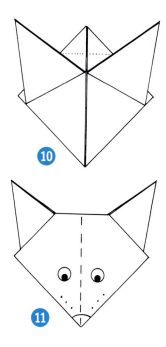

MATERIAL PRO BÄR
- Origamipapier in Braun, 15 cm x 15 cm (Rumpf), 5 cm x 5 cm (Kopf)
- Tonpapierrest in Hautfarbe (Schnauze)
- 2 Wackelaugen, ø 5 mm
- Buntstift in Dunkelbraun
- feiner Filzstift in Schwarz

Knuffige Bären
→ einfach niedlich

1 Die Buntstiftlinien auf das Rumpfpapier mit Lineal diagonal, beim Kopf waagrecht aufzeichnen. Das Papier für den Rumpf in der Mitte falten und wieder öffnen.

2 Die beiden Seiten an den gestrichelten Linien bis zur Mittellinie falten. Das Papier umdrehen.

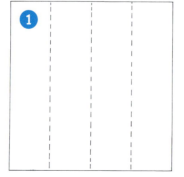

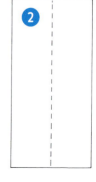

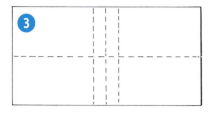

3 Das Papier genau in der Mitte falten und wieder öffnen. Links und rechts 1 cm neben der Mittellinie erneut falten und öffnen.

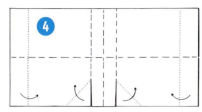

4 und **5** Die beiden Faltlinien neben der Mittellinie auf einer Seite jeweils 2 cm tief einschneiden und die Ecken an der gepunkteten Linie nach unten umklappen. Die beiden 1,5 cm breiten Randstreifen an den gepunkteten Linien nach unten umklappen.

6 Den Rumpf seitlich jeweils 2,5 cm tief einschneiden und die Ecken an den gepunkteten Linien nach hinten umklappen. Den Hals an der Strichpunkt-Linie nach oben klappen.

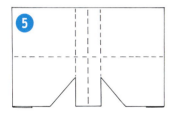

7 Den Rumpf aufstellen, die beiden nach hinten geklappten Halsdreiecke nach vorne klappen und die Spitzen aufeinander kleben.

8 bis **10** Für den Kopf siehe Fuchskopf (Seite 21), 6., 7. und 8. samt Zeichnungen.

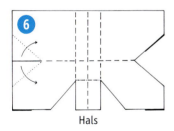

Hals

11 Diese Ecken an den gepunkteten Linien als Ohren wieder nach oben falten.

12 Kopfober- und Kopfunterseite an den gepunkteten Linien falten.

13 Den Kopf umdrehen. Die Ohren mit der Schere abrunden. Den Schnauzenpunkt, ø 2 cm, und die Wackelaugen aufkleben. Maul und Nase aufmalen. Den Kopf auf den Hals kleben.

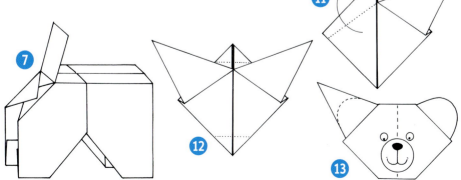

MATERIAL
PRO KRÖTE
- Origamipapier in Rot oder Beige, 15 cm x 15 cm (Rumpf), 8 cm x 8 cm (Kopf)
- 2 Wackelaugen, ø 12 mm
- Filzstift in Braun
- feiner Filzstift in Schwarz

PRO FROSCH
- Origamipapier in Hell- oder Dunkelgrün, 15 cm x 15 cm (großer Frosch), 8 cm x 8 cm (kleiner Frosch)
- 2 Wackelaugen, ø 12 mm oder ø 7 mm
- dicker Buntstift in Dunkelgrün und Weiß

VORLAGENBOGEN 2B

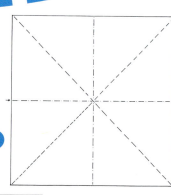

Bunte Teichbewohner

→ lustiges Treiben

Kröten

1 Das Papier für den Rumpf zur Hälfte falten (erste Strichpunkt-Linie), wieder öffnen, an der zweiten Strichpunkt-Linie falten und wieder öffnen. Das Papier umdrehen, diagonal falten (erste gestrichelte Linie), wieder öffnen und an der zweiten gestrichelten Linie falten und wieder öffnen. Das Papier seitlich zusammenschieben (kleine Pfeile).

2 Vom entstandenen Dreieck die rechte Ecke an der gepunkteten Linie nach links zur Mitte falten.

3 und **4** Die Ecke an der gepunkteten Linie wieder nach rechts falten.

5 Die linke Seite ebenso falten.

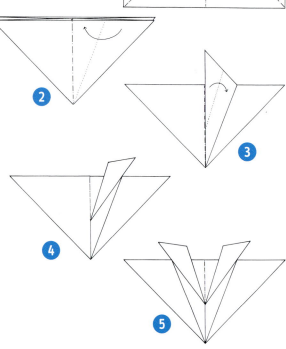

WEITERFÜHRUNG

Bunte Teichbewohner

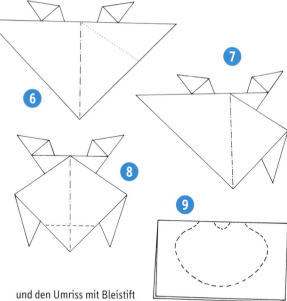

6 und **7** Das Papier umdrehen. Die rechte Ecke an der gepunkteten Linie nach unten falten.

8 Die linke Seite ebenso arbeiten. Die nach unten weisende Spitze als Hals an der gestrichelten Linie umklappen.

9 Das Kopfpapier in der Mitte falten, die Kopfschablone auflegen und den Umriss mit Bleistift nachziehen.

10 Den Kopf ausschneiden, die Wackelaugen aufkleben und die Nasenlöcher aufmalen. Den Kopf auf den Hals kleben.

Frösche

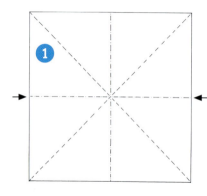

1 Das Papier für den Rumpf zur Hälfte falten (erste Strichpunkt-Linie), wieder öffnen, an der zweiten Strichpunkt-Linie falten und wieder öffnen. Das Papier umdrehen, diagonal falten (erste gestrichelte Linie), wieder öffnen und an der zweiten gestrichelten Linie falten und wieder öffnen. Das Papier seitlich zusammenschieben (kleine Pfeile).

2 Beim entstandenen Dreieck die rechte Spitze an der gepunkteten Linie nach links falten.

3 und **4** Die Spitze an der gepunkteten Linie wieder nach rechts falten.

5 Die linke Seite ebenso falten.

6 Das Papier umdrehen.

7 Die rechte Hälfte an der Strichpunkt-Linie nach links klappen und dann die Spitze an der gepunkteten Linie nach unten falten.

8 Die nach unten gefaltete Spitze an der gepunkteten Linie nach oben falten.

9 und **10** Die Spitze an der gepunkteten Linie nach oben und wieder zurück falten. Die unter 7 nach links geklappte Hälfte wieder nach rechts zurückklappen.

11 Die linke Seite ebenso arbeiten. Die Kopfspitze mit der Schere abrunden (gepunktete Linie) und die Wackelaugen aufkleben.

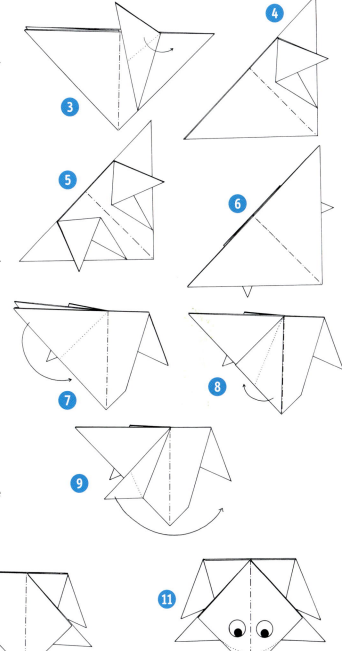

Glückliche Kühe

→ satt und zufrieden

MATERIAL PRO KUH

- Schreibmaschinen- oder Kopierpapier, 21 cm x 15 cm (Rumpf), 10,5 cm x 15 cm (Kopf), 9 cm x 5 cm (Schwanz)
- 2 Wackelaugen, ø 7 mm
- feiner und dicker Filzstift in Schwarz

1 Für den Rumpf den Rand des Papiers nach 3 cm an den gestrichelten Linien nach innen falten.

2 Das Papier genau in der Mitte und die Seiten nach 2,5 cm an den gestrichelten Linien nach innen falten.

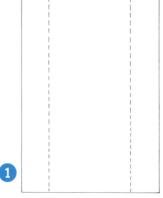

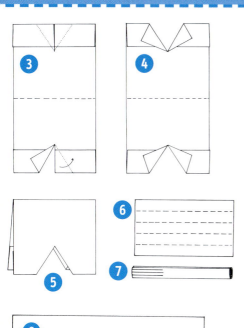

3 und **4** Die Seiten 3 cm tief einschneiden und an den gepunkteten Linien falten.

5 Den Rumpf an der gestrichelten Linie umklappen.

6 und **7** Das Schwanzpapier jeweils nach ca. 1 cm falten. Ein Ende des Schwanzes mehrfach 2 cm tief zu einer Quaste einschneiden.

8 Das Papier für den Kopf in der Mitte falten, dann die beiden Seiten an den gestrichelten Linien bis zur Mittellinie nach innen falten.

9 Das Papier an der gepunkteten Linie falten und wieder öffnen.

10 Die beiden Seiten 3,5 cm tief einschneiden. An beiden Einschnitten die Ecken an den gepunkteten Linien nach außen falten. An den Strichpunkt-Linien die Ecken nochmals nach außen falten.

11 Den Kopf an der gepunkteten Linie falten.

12 Die Seiten des Kopfes an den gepunkteten Linien nach hinten falten.

13 Wackelaugen aufkleben und Nüstern aufmalen. Vor dem Zusammenkleben der Kuh die schwarze Fellzeichnung aufmalen.

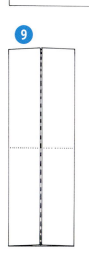
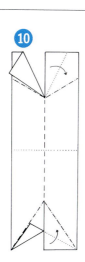
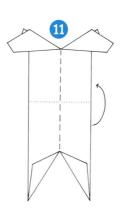

29

Niedliche Hunde

→ ziemlich vorwitzig

MATERIAL PRO HUND
- Faltpapier in Ocker, 15 cm x 15 cm (Rumpf), 7,5 cm x 15 cm (Kopf)
- Tonpapierrest in Rot (Zunge)
- 2 Wackelaugen, ø 5 mm
- dicker Buntstift in Weiß und Dunkelbraun
- Filzstift in Schwarz

VORLAGENBOGEN 2B

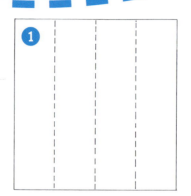

1 Das Rumpfpapier in der Mitte (gestrichelte Linie) falten und wieder öffnen.

2 Die Seiten an den gestrichelten Linien zur Mitte falten. Die Ränder an den gepunkteten Linien nach innen falten.

3 Das Papier in der Mitte und nach 1 cm links und rechts daneben nochmals falten (gepunktete Linien).

4 Das Papier umdrehen und an den Seiten insgesamt sechs Mal einschneiden (durchgezogene Linien). An den Seiten die Dreiecke (gepunktete Linien) nach hinten umklappen.

5 und **6** An Hals und Kopf ebenfalls die Dreiecke nach hinten umklappen.

7 Den Rumpf aufstellen.

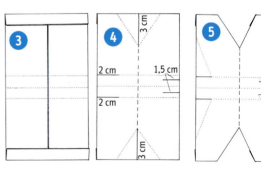
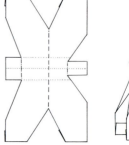

8 Das Kopfpapier zuerst in der Mitte falten und wieder öffnen, dann die rechte untere Ecke an der gestrichelten Linie falten (Pfeil). Die linke untere Ecke nach oben falten.

9 Beim entstandenen Dreieck die rechte Ecke an der gepunkteten Linie nach links falten.

10 Die Ecke an der Strichpunkt-Linie wieder nach rechts falten.

11 und **12** Die Spitze an der gestrichelten Linie nach innen falten.

13 Die linke Seite ebenso falten. Die Kopfspitze an der gepunkteten Linie falten. Die Nase an der Strichpunkt-Linie nach hinten umklappen.

14 Den Kopf umdrehen. Die Nase schwarz anmalen und die Wackelaugen aufkleben. Evtl. noch die Zunge ankleben.

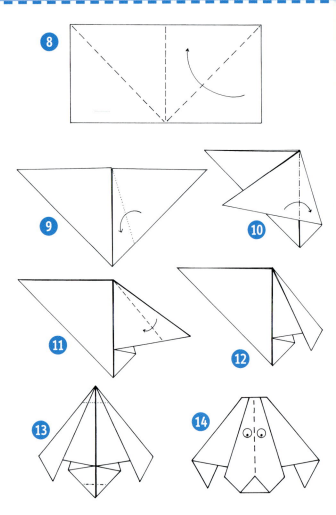

DIESES BUCH ENTHÄLT 2 VORLAGENBOGEN

IMPRESSUM

FOTOS: frechverlag GmbH, 70499 Stuttgart; Fotostudio Ullrich & Co., Renningen
DRUCK: frechdruck GmbH, 70499 Stuttgart

Materialangaben und Arbeitshinweise in diesem Buch wurden von dem Autor und den Mitarbeitern des Verlags sorgfältig geprüft. Eine Garantie wird jedoch nicht übernommen. Autor und Verlag können für eventuell auftretende Fehler oder Schäden nicht haftbar gemacht werden. Das Werk und die darin gezeigten Modelle sind urheberrechtlich geschützt. Die Vervielfältigung und Verbreitung ist, außer für private, nicht kommerzielle Zwecke, untersagt und wird zivil- und strafrechtlich verfolgt. Dies gilt insbesondere für eine Verbreitung des Werkes durch Fotokopien, Film, Funk und Fernsehen, elektronische Medien und Internet sowie für eine gewerbliche Nutzung der gezeigten Modelle. Bei Verwendung im Unterricht und in Kursen ist auf dieses Buch hinzuweisen.

Auflage: 5. 4.
Jahr: 2008 2007 2006   [Letzte Zahlen maßgebend]

© 2004 frechverlag GmbH, 70499 Stuttgart

ISBN 3-7724-3282-4
Best.-Nr. 3282